Duden

Eselsbrücke 2

mit Köpfchen richtig schreiben

Herausgegeben von:

Professor Dr. Hartmut Günther

Erarbeitet von:

Nicola Kiwitt, Simone Scheuer, Annette Scholing-Grunert

DUDEN PAETEC Schulbuchverlag
Berlin, Frankfurt a. M.

Inhaltsverzeichnis

		erledigt	Datum	überprüft
Üben	32	☐		☐
Wörter mit ähnlichen Mitlauten	33	☐		☐
Testebanseiten	34–35	☐		☐
Anlaute	36	☐		☐
Auslaute	37	☐		☐
Inlaut	38	☐		☐
Üben	39	☐		☐
Verlängern	40–45	☐		☐
Wörter mit *e* oder *ä*	46	☐		☐
Üben	47	☐		☐
Doppelte Mitlaute	48–53	☐		☐
Üben	54	☐		☐
Wörter mit *tz*	55	☐		☐
Wörter mit *ck*	56	☐		☐
Wörter mit *ie*	57	☐		☐
Einzahl und Mehrzahl	58	☐		☐
Großschreibung Nomen (Substantive)	59	☐		☐
Artikel	60	☐		☐
Großschreibung Satzanfang	61	☐		☐
Testebanseiten	62–64	☐		☐

Esteban stellt sich vor

Hallo, ich bin Esteban.

Das bin ich. Meine Eltern möchten, dass ich wie ein richtiger Esel Lasten trage. Aber ich beschäftige mich am liebsten mit Wörtern und Sätzen. Ich möchte nämlich Dichter werden.

Wie alle Esel bin ich wasserscheu. Deshalb laufe ich immer über Steine oder Brücken.

Das ist eine Eselsbrücke. Sie ist von Menschen gebaut, damit wir Esel keine nassen Hufe bekommen.

Auch Menschen bauen sich Eselsbrücken. Sie helfen ihnen, Dinge besser zu behalten. Kennst du eine?

Gemeinsam erobern wir Schritt für Schritt die Welt der Wörter und Sätze. Wir lernen, richtig zu schreiben.

Esteban stellt sich vor

1 Was ist ein Eselsohr? Schau dir die Bilder an und erkläre es!

In diesem Heft findest du fünf Seiten mit Eselsohren. Dort findest du die wichtigsten Erklärungen, wie man richtig schreibt. Knicke die Ecken um. So kannst du immer wieder nachschlagen, wenn du Hilfe brauchst.

An diesen Stellen 💡 findest du Aufgaben zum Nachdenken und Knobeln. Esteban schaut dann ganz genau hin und überlegt. Mithilfe von Estebans Glühbirne kannst du die Lösung sehen. Du findest die Glühbirne hinten im Heft.

2 Suche im Heft das Inhaltsverzeichnis. Trage ein, wann du diese ersten beiden Seiten gelesen hast.

Genau hören

1 Hier wohnt Esteban. Schreibe die Wörter auf.
Sprich deutlich und schreibe genau.

2 Wenn du das Bild genau anschaust, kannst du sehen, was Esteban am liebsten macht.

3 Esteban möchte gerne Dichter werden. Deshalb sammelt er Buchstaben und Wörter. Einige Buchstaben fehlen ihm noch in seiner Sammlung. Ergänze sie.

Genau hören

bitte knicken!

Genau hören

Bei vielen Wörtern musst du nur genau hinhören und jeden Laut schreiben, den du hörst.

- Tomate, Hase

1 Wenn Esteban spazieren geht, sammelt er Wörter und schreibt alles auf, was er gesehen hat. Schreibe auf, welche Wörter er dieses Mal gefunden hat. Sprich deutlich und höre genau.

2 Dann ordnet Esteban Wörter nach dem Abc. Hilf ihm dabei.

Tomate | Birne | Tafel | Kinder | Salat | Hase | Mantel | Hut | Lampe | Esel

Genau hören

1 Diese Wörter will Esteban nach Farben sortieren. Hilfst du ihm?

Banane | Brot | Rasen | Rinde | Erde | Tafel | Gurke | Küken | Zitrone

gelb

grün

braun

2 Esteban nimmt seine Wörterkiste, um zu reimen. Einige Wörter fehlen ihm noch. Kannst du ihm helfen? Ergänze.

Esel gehen über Steine,
sie mögen keine nassen
_______________.

Der große Hut steht
mir _______________.

Es war einmal eine Maus,

die wohnte in einem _______________.
Der Igel ging sie besuchen

und brachte ihr einen _______________.
Sie saßen lange am Tisch

und abends gab es _______________.

Genau hören

1 Setze die Wörter zusammen und schreibe sie auf.

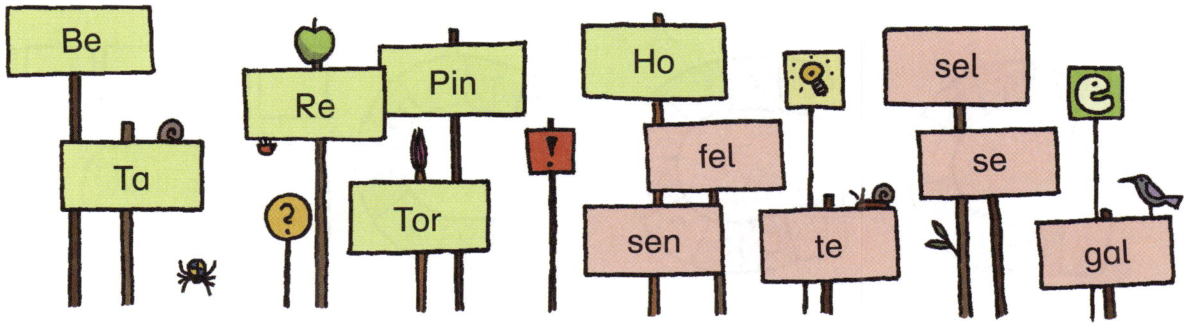

2 Was hörst du am Anfang und am Ende? Trage die richtigen Buchstaben ein.

 ☐ame☐

 ☐mpe☐

 ☐a☐

 ☐ake☐

 ☐abe☐

 ☐ante☐

3 Was macht Esteban außer lesen und dichten noch gerne? Löse das Rätsel.

S	a	l	a	t		

Lösung:

Selbstlaute und Mitlaute

1 Welche Buchstaben fehlen in den Hufeisen? Setze die fehlenden Buchstaben in die Kästchen ein. Schreibe sie rot nach.

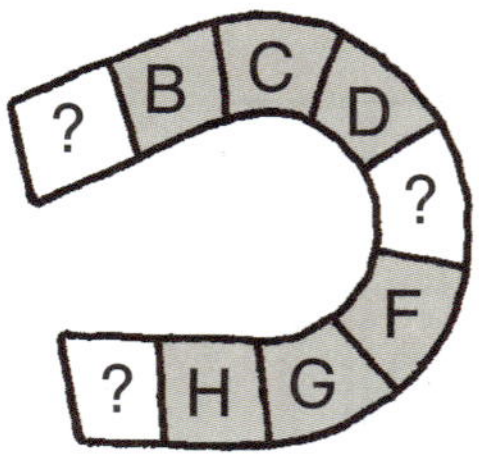

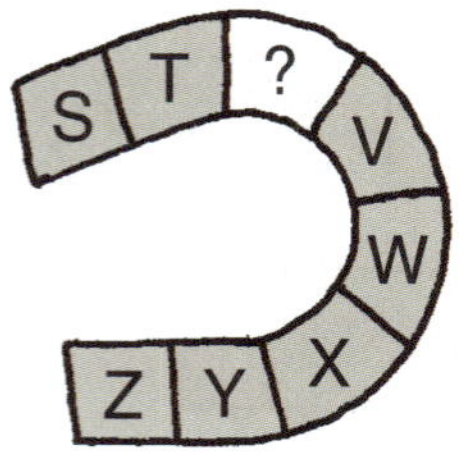

Zwei Selbstlaute kann ich schon: i, a.

MERKE!

a, *e*, *i*, *o*, *u* sind besondere Buchstaben. Sie heißen Selbstlaute.
Die anderen Buchstaben heißen Mitlaute.

2 Setze die fehlenden Selbstlaute ein. Schreibe sie rot nach.

 M_nd

 H_t

 r_t

 _s_l

 B_n_n_

 Kr_k_d_l

3 Setze die fehlenden Selbstlaute ein. Schreibe sie rot nach.

 N_deln

 N_deln

 B_rg

 B_rg

 B_ch

 B_ch

 T_nne

 T_nne

4 Setze die fehlenden Mitlaute ein und schreibe sie blau nach.

 E_e_a_ _

 _i_e_

 E_ _e_a_

 I_e_

 _a_e

 _e_ _i_

5 Schreibe deinen Namen auf. Schreibe die Mitlaute blau und die Selbstlaute rot nach.

Silben

1 Lies das Gedicht vor.
Du kannst dazu klatschen
und hüpfen.

Der kleine Esel Esteban,
der guckt mich heute traurig an.
Er hat nichts mehr zu fressen,
der Paul hat ihn vergessen.

2 Verbinde die Silben zu Wörtern und schreibe sie auf.

3 Setze Silbenbögen unter die Wörter.

4 Untersuche die Silben und schreibe den Selbstlaut rot nach. Was stellst du fest?

Regen,

MERKE!

Wörter bestehen aus Silben. Jede Silbe braucht einen Selbstlaut.

5 Schreibe die Wörter auf.

6 Setze Silbenbögen unter die Wörter. Schreibe den Selbstlaut in den Silben rot nach.

Silben

1 Schreibe die Wörter auf.

2 Klatsche die Wörter und setze Silbenbögen darunter.

3 Ordne die Wörter nach der Anzahl der Silben. Trage sie in die Tabelle ein.

4 Findest du noch mehr Wörter für die Tabelle? Trage sie ein.

Wörter mit einer Silbe	Wörter mit zwei Silben	Wörter mit drei und mehr Silben

5 Lies die Sätze. Wenn du in Silben liest, findest du die Fehler leichter.

6 Unterstreiche die sechs Fehler.

In Afrka lebn Elfanten und Krokdile. Auch Leoprden gbt es dort.

7 Schreibe die Sätze richtig auf.

Silben mit langen und kurzen Selbstlauten

1 Sprich die Wörter in Silben und klatsche dazu.

2 Setze Silbenbögen unter die Wörter.

3 Untersuche die erste Silbe und achte darauf, wie sie endet.

Palme	Tiger	Nadel	Rose	Krone	Stempel	Wolke

4 Trage die Wörter in die Tabelle ein.

5 Hörprobe: Sprich die Wörter deutlich und höre genau hin.
Gibt es Unterschiede bei den Selbstlauten?

Die erste Silbe endet mit einem Selbstlaut.	Die erste Silbe endet mit einem Mitlaut.
Tiger	Palme

MERKE!

Endet eine Silbe mit einem Selbstlaut, so klingt der Selbstlaut lang wie in Tube. Endet sie mit einem Mitlaut, so klingt der Selbstlaut kurz wie in Tulpe.

6 Setze Silbenbögen unter die Wörter.

7 Mache die Hörprobe. Kennzeichne die langen Selbstlaute der ersten Silbe mit einem Strich und die kurzen mit einem Punkt: Tube – Tulpe

Tube – Tulpe	Bibel – Bilder
Vater – Falter	Feder – Fenster

Üben

1 Sprich die Wörter in Silben, klatsche dazu. Setze Silbenbögen unter die Wörter.

helfen	malen	tragen	halten

finden	rufen	geben	binden

2 Führe die Hörprobe mit der ersten Silbe durch. Ordne die Wörter ein.

langer Selbstlaut	kurzer Selbstlaut
malen	helfen

3 Ergänze die Lücken der geheimen Botschaft.

W_r tr_ff_n _ns _n d_r B_sh_lt_st_ll_.
B_tt_ Z_tt_l _nd St_ft_ m_tbr_ng_n. F.

Wir treffen uns an der Bushaltestelle. Bitte Zettel und Stifte mitbringen. F.

4 Setze die Wörter zusammen und schreibe sie auf.

TO TE MA ☐☐☐☐☐☐

NE ME LO ☐☐☐☐☐☐

NE TRO ZI ☐☐☐☐☐☐☐

Umlaute *ä, ö, ü*

1 Verkleinere die Nomen.

2 Setze Silbenbögen und schreibe den Selbstlaut der ersten Silbe farbig nach.

Ohr	Öhrchen	Hand	
Zahn		Kopf	
Nase		Fuß	

3 Was hat sich verändert? Ergänze.

Aus *a* wird ______, aus *o* wird ______, aus *u* wird ______.

MERKE!

ä, ö, ü sind besondere Selbstlaute. Sie heißen Umlaute.

4 Schreibe die Nomen in der Einzahl und in der Mehrzahl auf. Schreibe alle Selbstlaute und Umlaute farbig nach.

5 Löse die Rätsel und male die Felder mit Umlaut farbig aus.

Der dritte Monat im Jahr.

Nachfolger von 11

Raum, in dem gekocht wird.

6 Schule — Finde ein passendes Wort mit *ü*.

Doppellaute (Zwielaute)

1 Lies die Wörter vor.

2 Kreise die Stelle, an der zwei Selbstlaute hintereinanderstehen, ein.

3 Was fällt dir beim Schreiben auf?

Freunde	Laune	Bauch	heute
schreiben	scheinen	arbeiten	Eimer
zaubern	Teufel	Taufe	neun

Zwei Selbstlaute, die man als einen Laut spricht, nennt man Doppellaut oder Zwielaut.

4 Ordne die Wörter in die Tabelle ein.

au	ei	eu
		Freunde

5 Finde Reimwörter und schreibe die Doppellaute farbig nach.

Raum	Baum	reich	
schauen		Beute	
teuer		scheu	
reiben		Rauch	

Doppellaute (Zwielaute) und Umlaute

1 Lies die Wörter und klatsche dazu. Setze Silbenbögen unter die Wörter.

2 Schreibe die Umlaute farbig nach.

Säge   Körper   Gräte   Kürbis   Kröte   Küken   Kälte   Küste

3 Ordne die Wörter in die Tabelle ein.

Die erste Silbe endet mit einem Mitlaut.	Die erste Silbe endet mit einem Umlaut oder Zwielaut.
Körper	Säge

4 Sprich die Wörter in Silben und klatsche dazu.

5 Setze Silbenbögen unter die Wörter und schreibe die Zwielaute rot nach.
Was stellst du fest?

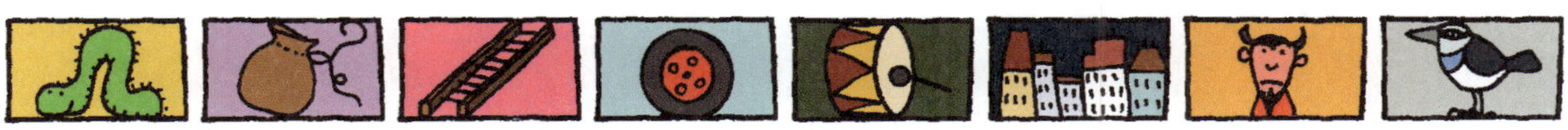

Raupe   Beutel   Leiter   Reifen   Pauke   Häuser   Teufel   Meise

MERKE! Der Selbstlaut in der Silbe kann auch ein Umlaut oder ein Doppellaut (Zwielaut) sein.

6 In welche Spalte der Tabelle gehören die Wörter mit den Zwielauten?
Begründe es.

Wörter mit doppeltem Selbstlaut

1 Sprich das Wort *Boot*.
Warum hat Esteban das Wort zuerst falsch geschrieben?

2 Schreibe die schwierige Stelle farbig nach.

Boot   See

Ich schreibe die schwierige Stelle farbig nach, damit ich sie nicht vergesse.

3 Bilde Wörter mit doppeltem Selbstlaut. Schreibe die schwierige Stelle farbig nach.

P, H — aa — r

M, T, F — ee — r

M, Z, B — oo — s, t

4 Schreibe die Wörter richtig auf.

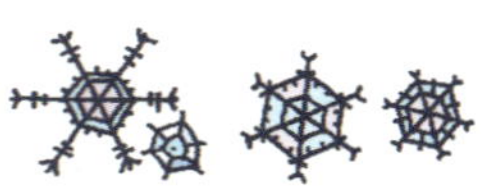

5 Bilde zwei zusammengesetzte Nomen mit *Schnee*.

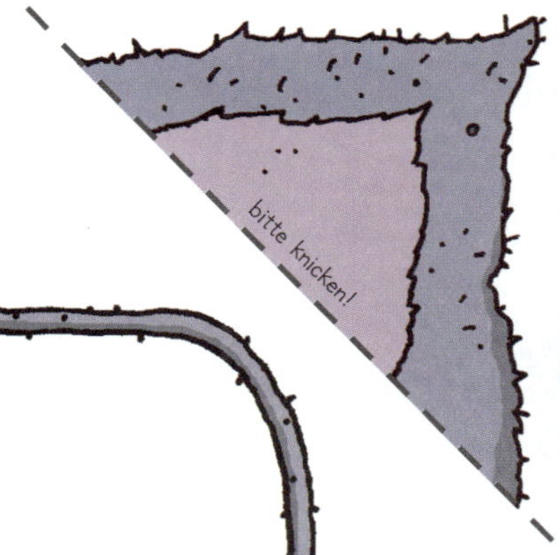

Merkwörter

Merkwörter

Bei manchen Wörtern kannst du nicht durch Hören oder Nachdenken herausfinden, wie du sie schreibst. Du musst sie auswendig wissen.

- Boot, Vogel

1 Löse das Rätsel.

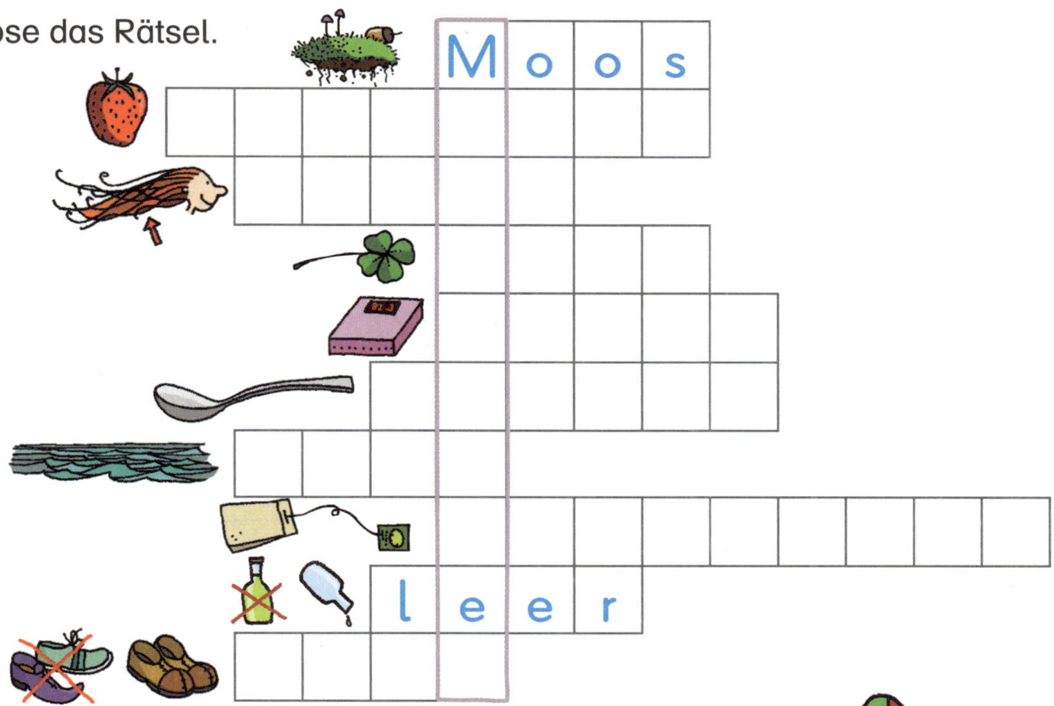

2 Setze das Lösungswort in den Satz ein.

Wörter mit doppeltem Selbstlaut sind ______________________.

3 Schreibe einen Satz auf, in dem mindestens drei Wörter mit doppeltem Selbstlaut vorkommen.

Aufgepasst! Auf den nächsten Seiten findest du noch weitere Merkwörter.

____

____

____

Merkwörter mit *v*

1 Verbinde Wort und Bild.

2 Sprich die Wörter deutlich. Wie klingt das *v*?

Veilchen
Vampir Vogel
Viereck Vase

Vulkan Verband
Klavier Vater
Lokomotive

3 Trage die Wörter in die Tabelle ein.

v klingt wie *f*	*v* klingt wie *w*

MERKE!

In Wörtern mit *v* klingt das *v* manchmal wie *w*, manchmal wie *f*.
Wörter mit *v* muss man sich deshalb besonders merken.

4 Schreibe die schwierigen Stellen in den Wörtern nach.

bevor | vorwärts | Verbot | davon | verändern | viel

5 Setze die Wörter zusammen und schreibe sie auf.

ZIG VIER

MOND VOLL

KEHR VER

Merkwörter mit *v*

1 Schreibe Sätze mit den Wörtern.

vorsichtig | vielleicht | Veilchen | violett | Vitamin

voll | vorwärts | Verband | Vortrag | Vase

2 Bilde neue Wörter und schreibe sie auf.

beugen | brennen | schlagen | nehmen | dienen | sagen | lassen

ver-	vor-
verbeugen	

3 Was hat Esteban gereimt? Lerne es auswendig und merke es dir.

ver- und vor-
kommen in vielen Wörtern vor.
Drum bin ich schlau
und schreibe sie mit Vogel-v.

Im Wörterbuch nachschlagen

1 Suche das Wort *Feder* in deinem Wörterbuch. Wie gehst du vor?

Wörter im Wörterbuch finden

Sprich dir das Wort deutlich vor. Wie heißt der **Anfangsbuchstabe**?

Überlege, an welcher **Stelle im Alphabet** der Buchstabe steht, damit du das Wort schneller findest.

Suche die richtige Seite. Die **Kopfwörter** ganz oben auf der Seite helfen dir.

Gehe dann mit dem Finger die Stichwörter entlang. Beachte den **zweiten** und **dritten Buchstaben** des Wortes.

2 Warum findet Esteban das Wort nicht? Erkläre.

3 Suche das Wort  im Wörterbuch.

Suchst du ein Wort, das anders geschrieben als gesprochen wird, musst du unter verschiedenen Buchstaben nachschlagen.

4 *v* oder *f*? Ergänze und überprüfe mithilfe deines Wörterbuches.

itamin	loß	erband	lasche	iereck

5 Schreibe die Wörter nach dem Abc geordnet auf.

Probierzettel

1 Was möchte Esteban für seine Feier einkaufen?

2 Welchen Trick hat Esteban, um herauszufinden, wie man die Wörter schreibt?

3 Wie würdest du , ,  und  schreiben? Probiere es zuerst auf einem Probierzettel aus und schreibe die Wörter dann richtig auf Estebans Einkaufszettel.

4 Probiere die Wörter zuerst auf einem Probierzettel aus.

5 Überprüfe sie mit dem Wörterbuch.

6 Schreibe die Wörter dann richtig auf.

Üben

1 Wie übt Esteban das Wort *vielleicht*? Verbinde.

ıııllıııll	Geheimschrift
vielleicht	Silbenbögen setzen
vielleicht	schwierige Stellen nachschreiben
Vielleicht scheint morgen die Sonne.	einen Satz mit dem Wort bilden
v-ie-l-l-ei-ch-t	buchstabieren

2 Schreibe die schwierigen Stellen in den Wörtern farbig nach.

und dann denn nämlich viel jetzt

3 Schreibe die Wörter ab und setze Silbenbögen darunter.

Segelboot Teebeutel Küchenwaage

4 Schreibe die Wörter in Geheimschrift auf.

vier vielleicht versuchen vorlesen

5 Schlage die Wörter im Wörterbuch nach und schreibe sie richtig auf.

6 Wie heißt das Tier, das mit einem doppelten Selbstlaut beginnt?

Wörter mit *s* und *ß*

1 Lies die Wörter in Silben und setze Silbenbögen.

2 Höre genau auf die *s*-Laute. Vergleiche. Was fällt dir auf?

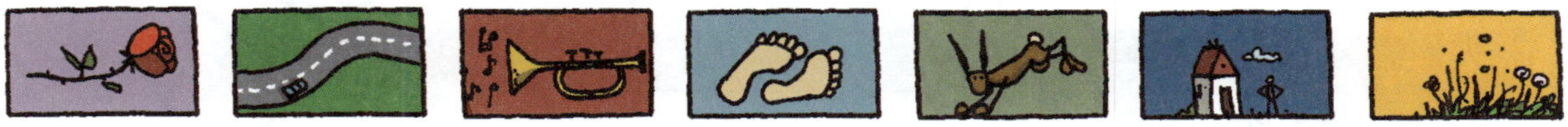

Rose Straße Musik Füße Hase draußen Wiese

MERKE! Den summenden *s*-Laut schreibt man mit *s*, den zischenden *s*-Laut mit *ß*.

3 Schreibe die summenden *s*-Laute blau und die zischenden *s*-Laute grün nach.

Rose Straße Musik Füße Hase draußen Wiese

4 Schreibe passende Reimwörter auf.

5 Schreibe die *s*-Laute farbig nach.

groß	Vasen	Dose	beißen	Grüße
Sch ______	H ______	R ______	r ______	F ______
Fl ______	R ______	H ______	h ______	s ______

6 Lies den Text deutlich vor.

7 Setze die fehlenden *s*-Laute ein.

Die___er Junge hei___t ___amuel.

Er ist ___ieben Jahre alt. Er spielt ___ehr

gerne drau___en auf der gro___en Wie___e.

Zu Hau___e hört er oft Mu___ik.

Wörter mit *s* und *ß*

1 Löse das Rätsel.

Lösungswort:

2 Verbinde die Silben. Schreibe die Wörter richtig auf.

gro	drau	sü	Na	Läu	Häu	se	se	ser	ße	ße	ßen

3 Schreibe Sätze, in denen die Wörter auf den Karten vorkommen.

süße | Grüße | große | beißen | Nase

4 Lies die Wörter in Silben. Unterstreiche die drei Fehler. 3

5 Verbessere die Fehler im Text.

Zwei große Hunde reisen an der Leine. Sie sollen sich nicht beisen.

Richtig abschreiben

1 Esteban hat ein Gedicht von Reiner Mario Rabe abgeschrieben.
Als er es vorlesen will, hat er Schwierigkeiten. Überlege, warum.

So kannst du üben, Wörter richtig abzuschreiben:

Abschreiben
Lies ein Wort und sprich es mit.
Achte dabei auf schwierige Stellen.
Merke dir das Wort gut.

Fotografiere das Wort mit den Augen.
Decke das Wort ab.
Jetzt ist es in deinem Kopf gespeichert.

Schreibe das Wort aus dem Gedächtnis auf.

Überprüfen
Decke das Wort wieder auf.

Überprüfe, ob du alle Buchstaben
richtig geschrieben hast.
Achte wieder auf schwierige Stellen.

Verbessern
Findest du einen Fehler, unterstreiche ihn.
Jetzt schreibe das Wort richtig auf.

2 Schreibe das Gedicht von Reiner Mario Rabe richtig in dein Heft.

Wörter mit *sch*, *st* und *sp*

1 Was hörst du am Wortanfang?

2 Schreibe die ersten drei Wörter jetzt auf. Was fällt dir auf?

3 Verbinde.

Spinne am Morgen
bringt Kummer und Sorgen.

Sp

Sterne, Sterne
leuchten wie eine Laterne.

St

Das Schaf, das frisst ein Blatt
und ist danach ganz satt.

Sch

4 Schreibe die Wörter mit ihrem Artikel (Begleiter) auf. Achte darauf, was du hörst und was du schreibst.

Sch	St	Sp

5 Was schreibst du, wenn du am Anfang *schp* hörst?

Was schreibst du, wenn du am Anfang *scht* hörst?

Wenn du am Wortanfang *schp* hörst, musst du im Wörterbuch bei *sp* nachsehen. Wenn du am Anfang *scht* hörst, bei *st*.

Wörter mit *pf* und *qu*

1 Sprich die Wörter deutlich und verbinde.

F   Pf

2 *f* oder *pf*? Kannst du Esteban helfen, die Wörter zu ergänzen?

Als die Pferde Ä____el fressen, ruft der Bauer. Aber die ____erde hören nicht und stecken vergnügt ihren Ko____ in die ____lanzen.

3 Schreibe die Wörter mit *pf* aus der Geschichte auf.

____

4 Warum ist Esteban verwirrt? Ergänze die Sprechblase.

5 Hilf ihm und sortiere die Wörter richtig.

Irgendwas stimmt hier nicht, ich höre kw und schreibe ____________.

k	qu

Wörter mit *ch*

1 Lies die Wörter.

2 Wie klingt das *ch* in den Wörtern?

Drache | Milch

3 Suche die Wörter zu den Bildern. Kreise sie ein.

4 Male die Wörter, bei denen das *ch* wie in *Drache* klingt, rot an, die Wörter, bei denen das *ch* wie *Milch* klingt, blau an.

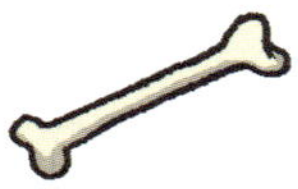    

V	R	S	T	E	I	C	H	A	S	Q	B	C
A	A	F	E	R	K	N	X	A	U	I	D	B
C	U	I	P	M	D	A	C	H	A	G	R	U
H	C	P	P	U	T	B	D	W	Z	L	A	C
T	H	W	I	H	C	T	Z	B	A	U	C	H
E	L	P	C	W	I	C	H	T	E	L	H	M
N	A	C	H	T	F	K	N	O	C	H	E	N

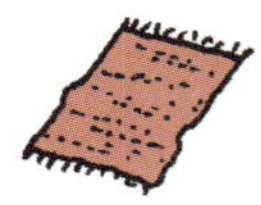  

5 Suche dir drei Wörter aus, bei denen das *ch* wie bei *Drache* klingt.

6 Und hier klingt das *ch* wie bei *Milch*:

7 Suche drei weitere Wörter mit *ch*.

Wörter mit *ng* und *x*

1. Lies den Zettel laut vor. Sprich deutlich.
2. Kreise *ng* ein.

Dinge, die zu erledigen sind:
1. Dringend wegräumen: Angel, Zange, Zeitungen!
2. Müll wegbringen!
3. Bilder aufhängen!
4. Klingel reparieren!

3. Schreibe vier Wörter mit *ng* auf. Schreibe *ng* farbig nach.

4. Esteban überlegt, was er mit Rosalinde tun möchte. Schreibe es auf.

wir ______ wir ______ wir ______

5. Suche die sechs Wörter mit *x*. Mache einen Strich nach jedem Wort.
6. Schreibe die Wörter mit *x* auf.

MIXERLEXIKONHEXENIXEBOXERTEXT

Üben

1 Hilf Esteban beim Sortieren der Wörter.

s ______________________

ß ______________________

2 Schau dir Estebans Steckbrief genau an. Schreibe ihn richtig auf.

3 Überprüfe die Wörter mit dem Wörterbuch.

Name: Esteban
Was ich mag: Schpaghetti, Schpiegeleier
Was ich nicht mag:
Schpinnen, Wampire, Ferde

Name: Esteban

Was ich mag:

____

____

Was ich nicht mag:

____

____

4 Ergänze die Reime.

Ich schick dir heute viele ____________
für deine kalten ____________.

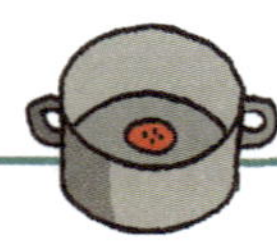

Schau mal in den ____________,
da liegt ein kleiner ____________.

Große Hunde ____________,
wenn sie Walter heißen.

Wir essen gerne ____________,
der macht uns fit und stark.

Wörter mit ähnlichen Mitlauten

Ich kann mich nicht entscheiden. Welchen Buchstaben soll ich nun nehmen?

1 Schreibe die Wörter auf. (B) oder (P)?

__aket	__lume	__irne	__ost

2 Schreibe die Wörter auf. (D) oder (T)?

__omate	__ose	__aumen	__raube

3 Schreibe die Wörter auf. (G) oder (K)?

__ras	__uchen	__lobus	__urke

4 Füge die passenden Silben zusammen. Schreibe die Wörter auf.

kan	Fens	Voll	Vo	mond	
Fo	gel	ter	to	Vor	Vam
Fal	ter	pir	Vul	hang	

Testebanseite

1. Setze Silbenbögen unter die Wörter.

2. Unterstreiche die drei Namen. Schreibe die Selbstlaute rot und die Mitlaute blau nach.

Linus hat heute im Traum Anton und Simone gesehen.

Das waren zwei schöne kleine Gespenster.

Ihre Augen leuchteten grün. Sie flogen herum und machten

Quatsch. Anton war ängstlich, Simone war frech.

3. Trage die passenden Wörter aus dem Text in die Tabellen ein.

4. Finde eigene Wörter für die Tabellen.

au	ei	eu

ü	ä	ö

5. *f* oder *v*? Trage die richtigen Buchstaben ein.

f v

___oll ___eder ___ater

___ier ___on ___uß

Testebanseite

1. Setze die Silben zu Wörtern zusammen und schreibe sie auf.

2. Führe die Hörprobe durch. Setze einen Punkt unter den kurzen Selbstlaut der ersten Silbe und einen Strich unter den langen Selbstlaut der ersten Silbe.

grü	trin	schal	be	re	bin

den	ßen	den	ken	ten	ten

grüßen,

3. Hier haben sich 12 Wörter mit *sch*, *sp* und *st* versteckt. Male sie in drei verschiedenen hellen Farben aus.

A	S	S	P	I	R	A	L	E	S	T	E	R	N	U	S
L	P	P	S	C	H	U	L	E	O	S	P	I	N	A	T
M	O	Ä	S	T	I	L	L	S	C	H	E	R	E	H	E
O	R	T	S	C	H	O	K	O	L	A	D	E	D	F	I
S	T	I	F	T	Z	B	S	C	H	R	E	I	B	E	N

4. Lies die Sätze vor und sprich deutlich.

5. Unterstreiche die fünf Fehler und verbessere sie im Text. 5

Der kleine Trache war draurig. Er hatte ein Broblem.

Er wollte Prause drinken und fand den Öffner nicht.

6. Schlage die Wörter im Wörterbuch nach. Schreibe sie auf und finde das Lösungswort.

			1		

				2	

		3					

		5							4

1	2	3	4	5

Anlaute

1 Rosalinde kann sehr gut kochen. Esteban darf sich sein Lieblingsessen wünschen. Trage alle essbaren Dinge in Estebans Liste ein.

2 Schreibe die ersten beiden Buchstaben der Wörter farbig nach.

Bratwurst | Trommel
Knopf | Treppe
Schrauben | Grießbrei
Trauben | Blumenkohl
Schlangen | Krautsalat

Estebans Lieblingsessen

3 Was macht Esteban, bis Rosalinde kommt?

bla | ben | sen | schrei | kle | ken | ben | ben | schmin | gra

4 Schreibe die Wörter auf.

5 Was passt wozu? Male die passenden Kästchen in der gleichen Farbe aus.

dr | fr | gr

ün | agen | ech | eckig | uselig | außen

Auslaute

1 Hilf Esteban beim Ordnen der Buchstaben.

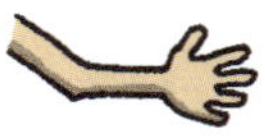 R M A

 M D E H

S H R M I C

 I L M F

 E L M H

 R T A B

2 Esteban erfindet Unsinn-Reime. Hilf ihm, die richtigen Reimwörter zu finden.

Quatsch | Strumpf | Matsch | Hund | Sumpf | Mund

Ich mache heute ______
und springe in den ______.

Mit meinem ______
steck ich im ______.

Der ______ hat einen
schönen ______.

3 Esteban hat sich Rätsel ausgedacht. Schreibe die Lösung auf.

Auf eine Frage bekomme ich eine ☐☐☐☐☐☐☐.

Esteban ist groß und ☐☐☐☐☐.

Es besteht aus Buchstaben.
☐☐☐☐

Er ist dünn und lang und kriecht in der Erde.
☐☐☐☐

Inlaut

1 Setze die fehlenden Buchstaben ein. b d g k

ge__en | tra__en | kle__en | Trau__e | gra__en | Schrau__e

2 Schreibe die Wörter, die sich reimen, untereinander.

geben

3 Was passt wozu? Verbinde die richtigen Silben miteinander.

Fe — der / mer / ter

Man — der / ter / tel

Rake — te / le / der

Kroko — til / del / dil

4 Schreibe die Wörter auf.

5 Schreibe die Wörter unter die Bilder.

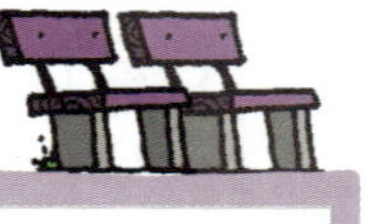

Üben

1 Suche die beiden passenden Reimwörter.

Haus | Maus
Quark | Vater | dreißig
fleißig | Park | Kater

2 Suche für Esteban Reimwörter und schreibe sie auf.

Schlauch | Hase | Topf | Tücher | vier

3 Trage die Wörter ein. Finde das Lösungswort.

4

7

1

6

2

3

8

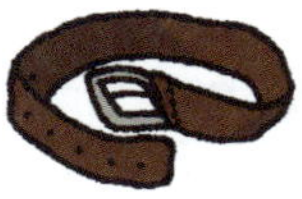
9

5

1 2 3 4 5 6 7 8 9

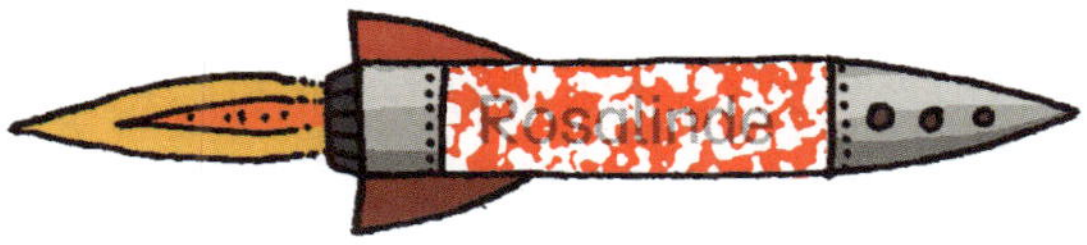

Verlängern

1 Welche beiden Silben klingen jeweils ähnlich?

2 Male sie in der gleichen Farbe an.

ta ma da	go ko no	be re pe

3 Sprich die Wörter. Was hörst du am Ende?

4 Sprich die Wörter. Wie hört es sich jetzt an?

5 Schreibe die Wörter in der Mehrzahl und in der Einzahl auf.

	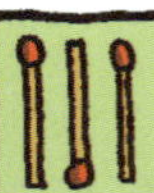 Mehrzahl	 Einzahl
	Hunde	Hund

6 Sprich die Wörter jetzt noch einmal in der Mehrzahl und in der Einzahl. Vergleiche, wie du sie schreibst. Was stellst du fest?

bitte knicken!

Verlängern

Verlängern

Um herauszufinden, wie ein Wort am Ende geschrieben wird, musst du es verlängern. Dann hat das Wort eine Silbe mehr.

- Hund – Hunde

1 Schreibe die schwierige Stelle in den Wörtern farbig nach.

Tage Tag

2 Lies Estebans Tagebucheintrag.

3 Schreibe die Wörter zunächst in der Mehrzahl auf und setze dann den richtigen Buchstaben in der Einzahl ein.

Tage

11.8.08

Heute war ein schöner Tag___, denn mein Freun___, den ich sehr mag, kam zu mir mit dem Ra___. Zusammen fuhren wir ins Ba___. Am Eingang gab es als Geschen___ für uns ein leckeres Geträn___. Zum Schwimmen war es dann zu kal___, da spielten wir zu zweit im Wal___.

Verlängern

1. Wie kann Esteban herausfinden, wie er die Wörter schreiben muss?
2. Finde zu jedem Bild das passende Wort. Schreibe es auf.

blon□	wil□
run□	al□

der wilde Löwe,

3. Schreibe die Wörter richtig auf.

d oder *t*	Verlängere das Wort und unterstreiche *d* oder *t*.	Also schreibe ich:
wil□	der wil<u>d</u>e Löwe	wild
kal□		
bun□		
b oder *p*	Verlängere das Wort und unterstreiche *b* oder *p*.	Also schreibe ich:
lie□		
gel□		
gro□		
g oder *k*	Verlängere das Wort und unterstreiche *g* oder *k*.	Also schreibe ich:
klu□		
star□		
muti□		

Verlängern

1 Sprich die Sätze aus den Sprechblasen.

2 Schreibst du *d* oder *t*? Schreibe die beiden Wörter auf.

3 Verlängere die Wörter mit *-er* und schreibe sie dann richtig auf.

fleißi□	fleißiger	fleißig
lau□		
spannen□		
billi□		
brei□		

4 Male die Wörter, die zusammengehören, in einer Farbe an.

stärker	länger	stark	hart	klüger	lang	klug	härter

5 Schreibe die Wörter auf.

stark – stärker,

Verlängern

1. Welches Wort in der Sprechblase hilft dir, den richtigen Buchstaben zu finden?

2. Unterstreiche den Buchstaben und setze ihn in das Wort ein.

Esteban schrei_t seinem Brieffreund regelmäßig Briefe.

3. Welche Wörter passen zu den Sätzen? Verbinde.

Esteban kle_t. Esteban sä_t. Esteban schrei_t.

wir sägen

wir schreiben

wir kleben

4. Schreibe die Sätze richtig auf.

5. Finde heraus, wie du die Wörter schreibst. Schreibe sie auf.

er sa_t | sie le_t | er fra_t | wir ha_en

wir sagen – er

6. Was macht Esteban? Es gibt zwei Möglichkeiten. Schreibe sie auf.

er sin_t

er

er

Verlängern

1 Schreibe die Wörter in der Mehrzahl und Einzahl auf.

Ber	Lan	Zu	Hef	Schil

die Berge – der Berg,

2 Schreibe die Wörter in der *wir*-Form und in der *er*-Form auf.

wie t	lie t	pfle t	schrei t	ü t	bewe t

wiegen – er wiegt,

3 Setze die Wörter vor ein Nomen.

gel	star	lan	trauri	lie	ferti

der gelbe Luftballon,

So kannst du Wörter verlängern:
Bilde bei Nomen die Mehrzahl: • Kind – Kinder
Bilde bei Verben die *wir*-Form: • er singt – wir singen
Setze Adjektive vor ein Nomen: • gelb – der gelbe Luftballon

Wörter mit *e* oder *ä*

1 Schreibe die Wörter in der Einzahl und in der Mehrzahl auf.

2 Schreibe die Selbstlaute der ersten Silbe farbig nach. Was stellst du fest?

	Einzahl	Mehrzahl

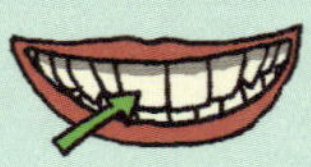		

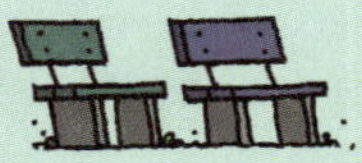		

MERKE! Bilde die Einzahl, um zu entscheiden, ob du *ä* oder *e* schreiben musst.
- Ball – Bälle, Zelt – Zelte

3 *äu* oder *eu*? Fülle die Lücken. Denke daran: *äu* kommt von *au*.

Im Wald wachsen viele B ____ me.

Am F ____ er wird es mir warm.

M ____ se fressen gerne Getreide.

4 Schreibe die Sätze richtig auf.

Üben

1 Finde heraus, wie man die Wörter schreibt. Schaue auf Seite 41 nach.

b d g

Freun__	wei__	er flie__t	Par__	er pum__t
Zwer__	Die__	leich__	klu__	er kle__t
Kor__	star__	We__	er zei__t	

p t k

2 Was macht Esteban? Schreibe Sätze auf.

3 *e* oder *ä*? Setze die richtigen Buchstaben ein.

Z__hne | B__lle | H__rzen | B__nke | K__rzen | W__lder

4 Schreibe die Wörter in der Einzahl auf.

Zahn,

Doppelte Mitlaute

1 Setze Silbenbögen unter die Wörter.

Zelte | Noten | Pinsel | Sofa | Lupe | Hefte

2 Führe die Hörprobe durch und trage die Wörter in die Tabelle ein.

3 Schreibe die Selbstlaute der ersten Silbe in allen Wörtern rot nach: Zelte.

4 Schreibe nun die Mitlaute zwischen den beiden Selbstlauten in allen Wörtern grün nach: Zelte.

5 Zähle die Mitlaute zwischen den Selbstlauten. Was stellst du fest?

langer Selbstlaut	kurzer Selbstlaut

MERKE! Nach einem kurzen Selbstlaut in der ersten Silbe folgen mindestens zwei Mitlaute.

6 Sprich das Wort deutlich und führe die Hörprobe durch.

Sagst du „Sooooone“ oder „Sonnnnne“?

7 Trage das Wort in die Tabelle oben ein.

8 Schreibe die Wörter richtig auf.

Doppelte Mitlaute

bitte knicken!

Doppelte Mitlaute

Wenn du nach kurzem Selbstlaut in der ersten Silbe nur einen Mitlaut hörst, musst du ihn verdoppeln, damit du wieder zwei hast.
- Puppe

1 Setze die fehlenden Mitlaute ein und schreibe die Wörter auf.

Fla▢en | Pu▢e | Li▢en | Schlü▢el | Mu▢er

Flammen,

2 Schreibe die passenden Reimwörter auf.

Mutter	essen	Puppen	Sonne
B	m	S	W
F	fr	Sch	T

3 Lies die Sätze und trage die doppelten Mitlaute ein.

4 Setze Silbenbögen unter die Wörter mit doppeltem Mitlaut.

Die Kinder ko_____en gerne in den Zoo. Sie wo_____en Tiere beobachten. Affen kle_____ern in den Bäumen. Delfine tu_____eln sich im Wa_____er. Enten schwi_____en im Teich. Kaninchen ho_____eln über die Wiese.

Doppelte Mitlaute

1 Löse das Rätsel. Streiche die Wörter durch, die du benutzt hast.

Himmel
Schiffe
Kette
Wellen
Kissen
Kasse
Gitter
Schlüssel
~~Ratte~~

Lösungswort:

1	2	3	4	5	6	7	8	9	10	11	12	13

2 Schreibe Sätze mit den Wörtern auf den Karten.

3 Schreibe die doppelten Mitlaute in deinen Sätzen farbig nach.

Sommer
schwimmen
kommen
Wasser
Wellen

Doppelte Mitlaute

1 Setze die Silben zu Wörtern zusammen und schreibe sie auf.

2 Schreibe die doppelten Mitlaute farbig nach.

bellen,

3 Lies den Text in Silben, dann findest du die sechs Fehler leichter.

4 Unterstreiche die Fehlerwörter und schreibe die Wörter richtig auf. 6

Peter geht mit seiner Muter einkaufen. Sie wollen heute Buter und Spagheti kaufen. Peter soll einen Puding aussuchen. An der Kase müsen sie warten.

5 Schreibe die Wörter richtig auf. Überprüfe mit dem Wörterbuch.

Doppelte Mitlaute

1 Schreibe die Sätze richtig ab.

2 Setze Silbenbögen unter die Wörter. Was fällt dir auf?

Der große Ba□ ro□t schne□. Die kleinen Bä□e ro□en schne□er.

Wörter mit einer Silbe musst du verlängern, um herauszufinden, ob du den Mitlaut verdoppeln musst.

3 Schreibe die Wörter auf und verlängere sie.

4 Setze Silbenbögen unter deine Wörter.

das Schloss – die Schlösser,

5 Schreibe einen Satz zu dem Bild.

Doppelte Mitlaute

1. Schreibe die Sätze richtig auf.
2. Setze Silbenbögen unter die Wörter mit doppeltem Mitlaut.

Ein Hund be□t laut. 
Zwei Hunde be□en mit. 

Ein Ba□ ro□t weg. 
Zwei Bä□e ro□en mit. 

Ein Ma□ re□t weg. 
Zwei Mä□er re□en nicht. 

3. Schreibe die Sätze richtig auf.
4. Setze Silbenbögen unter die Wörter mit doppeltem Mitlaut.

Das Glas ist vo□. 
Dieses Glas ist vo□er. 

Der Tiger ist schne□. 
Der Leopard ist schne□er. 

Der Mond ist he□. 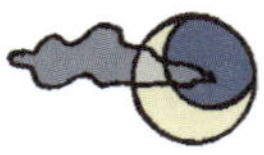
Die Sonne ist he□er. 

Üben

1 Trage die Wörter in die Tabelle ein.

2 Schreibe den Selbstlaut der ersten Silbe rot nach.

3 Führe die Hörprobe durch. Ist der Selbstlaut kurz oder lang?
Kennzeichne mit • oder —.

zwei verschiedene Mitlaute zwischen den Selbstlauten	doppelter Mitlaut zwischen den Selbstlauten
Winter	

4 Lies die Sätze in Silben.

5 Unterstreiche die fünf Fehler. 5

6 Verbessere sie im Text.

Heute geht die Klase 2 auf den Bauernhof. Sie sehen Källber, Schaffe und Ennten. Sie dürfen den Tieren Futer geben.

7 Löse das Rätsel. Überprüfe mit dem Wörterbuch.

Es dreht sich im Kreis. Die Kinder fahren gerne mit.
Das Wort enthält zwei doppelte Mitlaute.

K _ _ _ _ _ _ _ _

Wörter mit *tz*

1 Lies die Reime aufmerksam und vervollständige sie.

Unsre kleine Katze hat den Namen
Matze. Mag am Fenster sitzen,
grüne Augen blitzen.

2 Schreibe die Wörter auf.

3 Setze Silbenbögen und kennzeichne den Selbstlaut der ersten Silbe mit ● oder ▬. Was fällt dir auf?

Nach kurzem Selbstlaut in der ersten Silbe schreibst du *tz*.

4 Schreibe die Reimwörter auf.

Katze	Pfützen	petzen	sitzen
Fr	M	s	schw
Gl	sch	h	bl
T	n	w	r

5 Schreibe mit einigen dieser Wörter einen Satz.

Wörter mit *ck*

1 Lies die Reime und vervollständige sie.

Die Katze will sich le____en und dann kräftig re____en. Futter scheint zu lo____en, bleibt nicht länger ho____en.

2 Schreibe die Wörter auf.

3 Setze Silbenbögen und kennzeichne den Selbstlaut der ersten Silbe mit • oder ▬. Was fällt dir auf?

Nach kurzem Selbstlaut in der ersten Silbe schreibst du *ck*.

4 Schreibe die Reimwörter auf.

Mücken	backen	lecken	Socken
b	N	st	h
R	p	D	Fl
dr	Z	w	l

5 Vervollständige den Satz in Estebans Sprechblase.

Aha, kk und zz,
dafür schreibe ich ____________.

Wörter mit *ie*

1 Vervollständige die Wörter und schreibe sie rot nach.

Auf d___ser grünen W___se sp___lten v___r R___sen. Einer f___l aufs Kn___. Er schr___.

2 Schreibe Reimwörter auf. Schreibe *ie* rot nach.

fliegen	tief	lieben	Stier
s	sch	s	T
kr	r	sch	v
l	schl	r	h
st	l	schr	Kla

3 Schreibe Sätze mit den Wörtern auf den Karten.

schliefen | vier | liefen | Tiere | Diebe

4 Lies die Sätze und unterstreiche die sieben Fehler.

5 Verbessere die Wörter im Text.

Vir kleine Zigen stigen auf einen Berg.

Sie bliben oben ligen und schlifen bis siben Uhr.

Einzahl und Mehrzahl

1 Hilf Esteban, seine Einkaufszettel zu schreiben.

Estebans Einkaufszettel	Estebans Einkaufszettel
1	2
1	2
1	2

MERKE! Wenn du nur von einem sprichst, heißt das Wort meistens anders, als wenn es mehrere sind. Man sagt dazu **Einzahl** und **Mehrzahl**.

2 Verbinde die Wörter in der Einzahl und in der Mehrzahl. Schreibe sie auf.

Möhre, Kartoffeln, Gräser, Möhren, Zwiebel, Gras, Kraut, Kräuter, Kartoffel, Zwiebeln

Einzahl	Mehrzahl

3 Kreise die Wörter ein, von denen es eine Mehrzahl gibt.

TOPFSCHNEIDENNUDELABERKOCHENSUPPELÖFFEL

Großschreibung Nomen (Substantive)

Großschreibung

Wörter, von denen es eine Einzahl und eine Mehrzahl gibt, nennt man Nomen (Namenwort). Manchmal sagt man auch Substantiv dazu. Sie werden immer großgeschrieben.

- Tomate, Pause

1 Suche alle Nomen. Unterstreiche sie rot.

PAUSE STEIN TRAGEN KÜHL BRÜCKE BACH SCHWER SCHWITZEN

2 Schreibe die Nomen richtig auf.

3 Lies den Text. Unterstreiche die Fehler und verbessere sie im Text.

Die esel werden über 40 jahre alt. Sie haben lange ohren. Mit ihren langen beinen können sie schnell rennen. Sie fressen gerne äpfel und möhren. Es gibt viele geschichten über die esel.

4 Schreibe alle Nomen aus dem Text in der Einzahl und in der Mehrzahl auf.

Gg Artikel

1 Ordne die Wörter.

Mut · Höhle · Buch · Spiel · Geschichte · Held · Berg · Angst · Ungeheuer

der	die	das

MERKE!

Zu jedem Nomen gibt es einen passenden Begleiter. Man nennt ihn Artikel.

2 Welcher Artikel passt zu welchem Nomen? Male in der passenden Farbe an.

der · die · das

Schiff	Insel	Fernrohr	Überfall	Palme	Segel	Pirat	Schatz
Säbel	Welle	Matrose	Ruder	Rettung	Boot	Abenteuer	Kanone

3 Kreise die Nomen ein. Schreibe sie richtig und mit Artikel auf.

wolkegehengrasrothasedichtenbeinratensonnebiene

die Wolke,

Großschreibung Satzanfang

1. Esteban hat seine erste Geschichte geschrieben. Was hat er vergessen?
2. Überlege, wo die Sätze zu Ende sind, und setze dort einen Punkt.
3. Kreise den ersten Buchstaben vom Satzanfang ein.

es war einmal ein kleiner Esel er war ein besonderer Esel er konnte schreiben und wollte Dichter werden er las am liebsten Bücher und sammelte Wörter ein Esel soll eigentlich Lasten tragen aber seine Mutter war stolz auf ihren Sohn sie liebte seine lustigen Reime

MERKE!

An jedem Satzende steht ein Punkt. Den Satzanfang schreibst du groß.

4. Schreibe die Geschichte richtig ab.

Testebanseite

1 Sprich die Wörter und setze Silbenbögen unter die Wörter.

Pudel	Kiste	Wagen	Schere	Mantel	Wunder

2 Mache die Hörprobe und ordne die Wörter.

Wörter mit langem Selbstlaut	Wörter mit kurzem Selbstlaut

3 Schreibe alle Wörter richtig auf. Zwei Wörter haben nur eine Silbe. Kreise sie ein.

4 Schreibe die Wörter geordnet auf.

Fü_e	Ra_en	hei_en
Ei_en	Va_e	bei_en

Testebanseite

1. Schreibe Reimwörter auf.

2. Setze Silbenbögen und markiere den kurzen Selbstlaut der ersten Silbe.

Brücke	Blitz	Socken
Kr	sp	L
M	W	tr
St	Schl	Gl

3. Finde heraus, wie  geschrieben wird.

4. Schreibe die Wörter richtig auf.

Stran▢ Fel▢ er le▢t star▢ gel▢ kal▢

5. Finde die acht Wörter mit *ng*, *x* und *ch*. Male sie aus und schreibe sie auf.

Y	Ü	B	U	C	H	M	N
A	V	D	Q	Y	E	C	S
X	C	I	M	T	X	D	T
T	A	X	I	B	E	I	Ä
C	Q	Z	L	V	Q	N	N
Y	J	M	C	S	W	G	G
W	K	O	H	X	Z	E	E
K	L	I	N	G	E	L	L

Testebanseite

1. Lies den Text und mache dort Pausen, wo etwas Neues beginnt.
2. Setze an das Satzende immer einen Punkt.
3. Achte auf den Satzanfang. Verbessere ihn im Text.
4. Finde alle Nomen und verbessere sie im Text.

esteban und rosalinde kochen eine suppe esteban schneidet zwiebeln seine augen tränen er kann gar nichts mehr sehen da stößt er an den tisch der topf fällt hinunter rosalinde springt erschrocken an die seite aber da steht der stuhl und ...

5. Denke dir ein Ende für die Geschichte aus und schreibe es auf.